# Cavalier King Charles

Julie Murray

Abdo
PERROS
Kids

Abdo Kids Jumbo es una subdivisión de Abdo Kids
abdobooks.com

**abdobooks.com**

Published by Abdo Kids, a division of ABDO, P.O. Box 398166, Minneapolis, Minnesota 55439.

Printed in China

102024

012025

THIS BOOK CONTAINS RECYCLED MATERIALS

Spanish Translator: Maria Puchol

Photo Credits: Getty Images, Shutterstock, Thinkstock

Production Contributors: Teddy Borth, Jennie Forsberg, Grace Hansen
Design Contributors: Candice Keimig, Pakou Moua

Library of Congress Control Number: 2024939036

Publisher's Cataloging-in-Publication Data

Names: Murray, Julie, author.

Title: Cavalier King Charles/ by Julie Murray.

Other title: Cavalier King Charles spaniels. Spanish

Description: Minneapolis, Minnesota: Abdo Kids, 2025. | Series: Perros | Includes online resources and index

Identifiers: ISBN 9798384904328 (lib.bdg.) | ISBN 9798384904885 (ebook)

Subjects: LCSH: Cavalier King Charles spaniel--Juvenile literature. | Toy dogs--Juvenile literature. | Dogs--Juvenile literature. | Dogs--Behavior--Juvenile literature. | Animal behavior--Juvenile literature. | Spanish language materials--Juvenile literature.

Classification: DDC 599.772--dc23

# Contenido

## Los Cavalier King Charles Spaniel

Son perros de **compañía** y sus maneras delicadas y su dulce carita los hacen una **raza** muy popular.

El Cavalier King Charles Spaniel es **descendiente** del Toy Spaniel inglés. Los Toy ingleses **se criaron** en Inglaterra como perros falderos. Daban calor a los **aristócratas** durante sus paseos en carruaje y en los fríos castillos de entonces.

Inglaterra
Europa

Son perros pequeños, miden 13 pulgadas de alto (33 cm) y pesan hasta 18 libras (8 kg). Sus orejas son largas y tienen ojos grandes y redondos.

Su largo y sedoso pelaje puede ser de cuatro patrones diferentes, negro con castaño, rojizo, *Blenheim* y blanco con negro.

rojizo
blanco con negro
Blenheim

## Cuidados

Para mantener sano el sedoso pelo del Cavalier King Charles debe de cepillarse semanalmente.

Las orejas caídas deben revisarse y limpiarse con regularidad. También necesita las uñas cortadas y bañarse de vez en cuando.

## Ejercicio

Son felices siendo perros falderos, pero también les gusta estar al aire libre. Un paseo diario debería ser suficiente ejercicio para ellos.

## Personalidad

Son inteligentes y fáciles de adiestrar, les gusta complacer. Algunos son bastante buenos con los **entrenamientos de agilidad**.

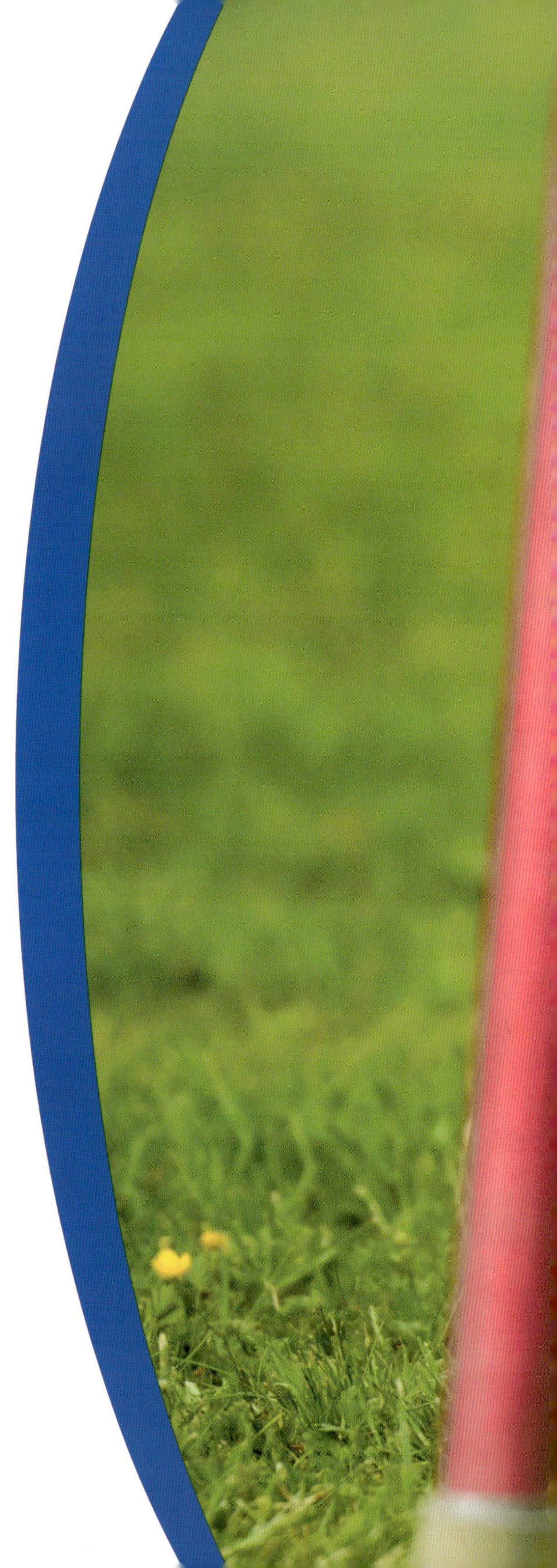

Los Cavalier son perros cariñosos y **leales**. Disfrutan cuando están con sus dueños. Son excelentes mascotas y se llevan bien con otros animales.

# Más datos

- Al rey Carlos II de Inglaterra le encantaban los Toy Spaniel ingleses y contribuyó a la **cría** de esta **raza**. Por ello solían llamarlos "King Charles Spaniel". Y a principios del siglo XX, se centraron en criar el perro que tanto amaba el rey Carlos II y de ahí apareció el Cavalier King Charles Spaniel.

- Son excelentes perros de terapia. Son perfectos para las personas mayores.

- La raza fue reconocida oficialmente por la asociación *American Kennel Club* en 1995.

# Glosario

**aristócrata** – noble; miembro de una pequeña clase privilegiada conocida como aristocracia.

**compañía** – pasar tiempo con otros.

**criar** – producir, desarrollar con un fin determinado.

**entrenamiento de agilidad** – ejercicios que incorporan series cortas de movimientos que implican cambios de dirección.

**leal** – mostrar devoción y lealtad a alguien.

**raza** – tipo de animal.

# Índice